©	Verlag Zabert Sandmann GmbH, München 1. Auflage 1998
Fotografie	Susie Eising StockFood (S. 86/87)
Texte und Rezeptbearbeitung	Monika Kellermann
Redaktion	Edelgard Prinz-Korte
Grafische Gestaltung/ Umschlaggestaltung	Zero, München
DTP	Werner Kopp
Herstellung	Karin Mayer, Peter Karg-Cordes
Lithografie	inteca Media Service GmbH, Rosenheim
Druck	Graphischer Großbetrieb Pößneck
ISBN	3-932023-21-8

Alfons Schuhbeck
Meine schönsten Menüs

Vorwort

Man soll die Feste feiern, wie sie fallen. Leichter gesagt als getan, wenn man selbst der Gastgeber ist.

Wer würde nicht mal gern liebe Freunde einladen und sie nach Herzenslust mit einem Menü verwöhnen?

Um Ihnen den Qual der Wahl zu erleichtern, habe ich in diesem Buch meine schönsten Menüs für Sie ausgewählt. Besonderes Augenmerk habe ich darauf gerichtet, daß die Menüs nicht allzu aufwendig sind.

Für viele Gäste zu kochen erfordert genaue Planung, eine detaillierte Einkaufsliste und genügend Zeit bei der Vorbereitung. Deshalb habe ich die Menüs so zusammengestellt, daß ein oder zwei Gänge bereits am Vortag vor- oder zubereitet werden können. Am schönsten ist es nämlich, wenn Gäste und Gastgeber ganz entspannt und gut gelaunt das Essen genießen können.

Gutes Gelingen

wünscht Ihnen

Alfons Schuhbeck

Inhalt

Meine schönsten Menüs im Frühjahr

OSTER-MENÜ *Seite 8*
FESTLICHES MENÜ *Seite 14*
FRÜHLINGS-MENÜ *Seite 20*
MENÜ FÜR VERLIEBTE *Seite 26*

Meine schönsten Menüs im Sommer

ITALIENISCHES MENÜ *Seite 32*
MENÜ ZUM SOMMERFEST *Seite 38*
VEGETARISCHES MENÜ *Seite 44*

Meine schönsten Menüs im Herbst

ERNTEDANK-MENÜ *Seite 50*
HERBST-MENÜ *Seite 56*
MENÜ ZUR JAGDSAISON *Seite 62*

Meine schönsten Menüs im Winter

FERNÖSTLICHES MENÜ *Seite 68*
FRANZÖSISCHES MENÜ *Seite 74*
WEIHNACHTS-MENÜ *Seite 80*

Oster-Menü

Kräutersuppe, Zicklein und die Spezialität aus dem Kurhausstüberl, Geeistes vom Kaffee, garantieren ein kulinarisch gelungenes Osterfest.

FRÜHJAHR

OSTER-MENÜ
FÜR 6 PERSONEN

Kräutersuppe mit Kartoffelcroûtons

Geschmorte Zickleinkeule mit Karotten-Meerrettich-Püree und Kartoffel-Apfel-Schmarrn

Geeistes vom Kaffee

VORBEREITUNG

Das Kaffeeparfait können Sie schon einige Tage vorher zubereiten und die Tassen zugedeckt in das Tiefkühlgerät stellen. Anderenfalls die Kaffeebohnen einen Tag vor dem Festessen in Sahne einweichen. Die Kräuterblätter für die Suppe ebenfalls am Vortag von den Stielen zupfen und in einer Plastiktüte in Kühlschrank locker aufbewahren.

Drei Stunden vor dem Essen braten Sie die Zickleinkeulen an. Während diese im Backofen langsam saftig und gar werden, bereiten Sie die Suppe, das Karotten-Meerrettich-Püree und den Kartoffel-Apfel-Schmarrn zu und schlagen die Sahne für den Kaffeeschaum.

Erst nachdem die Suppe verzehrt ist, werden die Keulen tranchiert und anschließend mit den Beilagen serviert.

GETRÄNKEEMPFEHLUNG

Zu Ostern paßt als Aperitif ein Sektcocktail mit frischem Erdbeerpüree. Zur Suppe und zum Hauptgang servieren Sie einen leichten Weißwein mit einer blumigen Note, z.B. ein Pinot bianco aus dem Trentino oder Südtirol.

FRÜHJAHR

Kräutersuppe mit Kartoffelcroûtons

ZUTATEN

1 mehligkochende Kartoffel, 2 EL Keimöl, Salz, 100 g junge Spinatblätter, 30 g junge Brennesseln, 1 Bund Petersilie, ½ Bund Kerbel, 1 Zwiebel, 1 Knoblauchzehe, 60 g Butter, 1 l Hühnerbrühe, 200 g Sahne, Cayennepfeffer, frisch geriebene Muskatnuß, einige Tropfen Zitronensaft

1. Die Kartoffel schälen, in kleine Würfel schneiden und im erhitzten Öl in wenigen Minuten goldbraun und knusprig braten. Auf einem Sieb abtropfen lassen und salzen.

2. Die Spinat-, Brennessel und Kräuterblätter von den Stielen zupfen, waschen, trockenschütteln und grob hacken. Vorher einige Kerbelzweige beiseite legen.

3. Zwiebel und Knoblauch schälen, in kleine Würfel schneiden und in 30 g Butter glasig dünsten. Spinat, Brennesseln und Kräuter dazugeben. Unter Schwenken der Pfanne zusammenfallen lassen.

4. Mit Brühe aufgießen und kurz aufkochen lassen. Dann die Sahne dazugießen und wenige Minuten erhitzen. Mit dem Stabmixer fein pürieren und mit Salz, Cayennepfeffer, Muskat und Zitronensaft abschmecken.

5. Vor dem Servieren die restliche Butter in kleinen Flocken mit dem Stabmixer unter die Suppe schlagen. In Suppentassen oder Teller füllen, Kartoffelwürfel dazugeben und mit den abgezupften Kerbelblättern bestreuen.

Geschmorte Zickleinkeule mit Beilagen

ZUTATEN

2 Zwiebeln, 150 g Knollensellerie, 1 Karotte, 2 Tomaten,
2 Zickleinkeulen (ca. 2–2,5 kg), 2 EL mittelscharfer Senf, Salz,
frisch gemahlener Pfeffer, 3 EL Olivenöl, 1 TL Tomatenmark,
6 EL weißer Portwein, 2 Knoblauchzehen mit der Schale,
3 Rosmarinzweige, ¼ l Hühnerbrühe

1. Zwiebeln, Knollensellerie und Karotte schälen und mit den gewaschenen Tomaten in Stücke schneiden. Die Keulen mit Senf bestreichen, würzen und in Öl anbraten. Backofen auf 130° C vorheizen.

2. Die Keulen herausnehmen und das Tomatenmark darin anrösten. Mit Portwein ablöschen, Gemüse, Knoblauchzehe und Rosmarinzweige darauflegen, mit Brühe begießen und zugedeckt im Backofen etwa 30 Minuten schmoren, dann den Deckel abnehmen und in 1½ Stunden fertig garen. Zwischendurch mit Bratensaft begießen.

3. Den Rosmarin herausnehmen, die Sauce durch ein feines Sieb passieren. Das Fleisch von den Knochen lösen und in Scheiben schneiden. Mit Kartoffel-Apfel-Schmarrn und Karotten-Meerrettich-Püree servieren.

4. *Für das Karotten-Meerrettich-Püree:* 750 g Karotten schälen und in ½ l Hühnerbrühe weich dünsten. Währenddessen 100 g Butter bräunen und durch ein mit Küchenpapier ausgelegtes Sieb gießen. Die Karotten gut abtropfen lassen und mit dem Stabmixer fein pürieren, dabei die Butter einarbeiten. Mit Salz, Cayennepfeffer und Muskat würzen und 50 g Sahnemeerrettich aus dem Glas hinzufügen.

5. *Für den Kartoffel-Apfel-Schmarrn:* 750 g Kartoffeln kochen, schälen und zerstampfen. Eine in Streifen geschnittene Zwiebel in 40 g Griebenschmalz goldbraun braten. Die zerdrückten Kartoffeln darin braten. 1 EL Puderzucker karamelisieren lassen und zwei, in Würfel geschnittene Äpfel darin goldbraun braten. Mit den Kartoffeln vermischen und mit Salz, Pfeffer und Majoran würzen.

Geeistes vom Kaffee

ZUTATEN

Für den Schaum: 100 g Sahne, 2 EL Kaffeebohnen, 1 EL Zucker
Für die Creme: 4 Eigelb, 90 g Zucker, 80 ml starker Kaffee,
1 gehäufter EL Instant-Kaffeepulver, 3 EL Rum, 1½ Blatt Gelatine,
200 g Schlagsahne

1. Sahne, Kaffeebohnen und Zucker vermischen und zugedeckt einen Tag im Kühlschrank durchziehen lassen.

2. Das Eigelb mit der Hälfte des Zuckers cremig rühren. Kaffee, Kaffeepulver und restlichen Zucker aufkochen lassen. Unter die Eigelbmasse rühren und schaumig aufschlagen. Den Rum erwärmen und die kalt eingeweichten, gut ausgedrückten Gelatineblätter darin auflösen. Unter die Creme rühren und so lange weiterschlagen, bis sie abgekühlt ist.

3. Sahne steif schlagen und unter die Creme ziehen. 6 Kaffeetassen oder Förmchen mit der Creme nicht ganz bis zum Rand füllen. Einige Stunden im Tiefkühlgerät gefrieren lassen. Für den Kaffeeschaum die Sahne mit den Kaffeebohnen abseihen, die Sahne schaumig schlagen und auf die Tassen oder Förmchen verteilen. Eventuell mit Kaffeepulver bestäuben und mit Früchten dekorieren.

Festliches Menü

Familienfeiern sind immer willkommene Anlässe, zu denen sich jung und alt zum ausgedehnten Festessen trifft.

FRÜHJAHR

FESTLICHES MENÜ
FÜR 10 PERSONEN

Räucherfischsülze
Geschmorte Kalbsschulter mit Frühlingsgemüse
Eisbombe mit dreierlei Schokolade

VORBEREITUNG

Bei einem Essen für ein Familienfest ist wichtig, daß die Gerichte nicht zu ausgefallen und exotisch sind, da sie nicht nur den Eltern und Großeltern, sondern auch den Kindern schmecken sollen.
Außerdem muß das Essen gut vorzubereiten sein, damit die Gastgeber nicht zuviel Zeit in der Küche verbringen müssen.
Bei diesem Menü kann man die Vorspeise und das Dessert ein bis zwei Tage vorher zubereiten. Am Tag der Einladung wird morgens nur noch das Gemüse geputzt, und rechtzeitig vor dem Essen muß das Fleisch in den Backofen geschoben werden. Das Gemüse ist rasch gegart, und Vorspeise und Dessert müssen nur noch appetitlich angerichtet werden.

GETRÄNKEEMPFEHLUNG

Als Aperitif: Frisch gepreßter Orangensaft, den Erwachsene mit Sekt auffüllen können.
Zum Essen paßt ein fruchtiger Rosé, z. B. ein Weißherbst aus Baden.

Räucherfischsülze

ZUTATEN

600 g geräucherte Filets von Süßwasserfischen (z. B. Lachsforelle, Saibling, Forelle), 600 ml Sülzenstand (siehe Tip), je 2 EL Karotten- und Zucchiniwürfel, 200 g Sahne, Saft von ½ Zitrone, Salz, Cayennepfeffer

Außerdem: 1 längliche Terrinenform von 1 ½ l Inhalt

1. Fischfilets häuten, entgräten und die Hälfte des Fischfleisches in Würfel schneiden. Die Haut in den Sülzenstand geben und bei schwacher Hitze 30 Minuten ziehen lassen. Die Gemüsewürfel in Salzwasser bißfest kochen und in eiskaltem Wasser abschrecken.

2. Den Sülzenstand abseihen und 350 ml über einer Schüssel mit Eiswürfeln unter Rühren abkühlen lassen, bis die Flüssigkeit zu gelieren beginnt. Dann die Fisch- und Gemüsewürfel untermischen. Eine halbrunde Terrinenform mit zwei Dritteln der Sülzmischung erstarren lassen. Die restliche Sülzmischung bei Zimmertemperatur stehenlassen.

3. Restliches Fischfleisch und 250 ml Sülzenstand im Mixer pürieren und durch ein Sieb passieren. Die Sahne steif schlagen und unterziehen.

4. Sobald die Masse zu gelieren beginnt, auf der festgewordenen Gemüsesülze verteilen und die Oberfläche glattstreichen. Erneut in den Kühlschrank stellen und erstarren lassen. Zum Schluß die restliche Gemüse-Fisch-Sülzmischung darauf verteilen und einige Stunden kalt stellen.

5. Mit einem nassen Messer in Scheiben schneiden und auf einem kleinen Salat servieren.

SCHUHBECKS TIP

Für den Sülzenstand koche ich 500 g Kalbsfüße, 1 Bund Suppengrün, 3 bis 4 Wacholderbeeren, 1 Lorbeerblatt und einige Petersilienstengel etwa 12 Stunden bei schwacher Hitze und schmecke den durchgeseihten Sülzenstand mit Weinessig ab.

FRÜHJAHR

Kalbsschulter mit Frühlingsgemüse

ZUTATEN

1 Zwiebel, 1 Karotte, 150 g Knollensellerie, 2–3 Kalbsschultern (ca. 2,5 kg), Salz, frisch gemahlener Pfeffer, 2 EL Keimöl, 1 EL Tomatenmark, 4 cl weißer Portwein, 200 ml Weißwein, 2 Knoblauchzehen, 1 TL schwarze Pfefferkörner, 1 Lorbeerblatt, 3 Thymianzweige, ½ l Hühnerbrühe, etwas abgeriebene, unbehandelte Zitronenschale

1. Den Backofen auf 130° C vorheizen. Zwiebel, Karotte und Knollensellerie schälen und kleinschneiden. Die Kalbsschultern mit Salz und Pfeffer würzen und im heißen Öl rundherum anbraten.

2. Herausnehmen und das Tomatenmark darin anrösten. Mit Portwein ablöschen, einkochen lassen und mit Wein aufgießen. Um die Hälfte reduzieren, dann das Gemüse, die Knoblauchzehen mit der Schale, Pfefferkörner und Kräuter dazugeben und mit Brühe aufgießen. Die Kalbsschultern darauflegen und zugedeckt im heißen Backofen gut 2 Stunden schmoren lassen. Dabei gelegentlich mit Bratensaft übergießen. Die Sauce zum Schluß mit etwas abgeriebener Zitronenschale verfeinern.

3. *Für das Frühlingsgemüse:*
1 kg Brokkoli putzen und in Röschen teilen, die Stiele schälen und in Scheiben schneiden. Bißfest garen und in eiskaltem Wasser abschrecken. Von 3 Bund jungen Karotten das Grün bis auf 1 cm abschneiden. Die Karotten schälen und der Länge nach halbieren. 3 Bund Frühlingszwiebeln putzen, die grünen Enden abschneiden und in Ringe schneiden, die Zwiebeln halbieren. 1 EL Puderzucker karamelisieren lassen und Karotten sowie Zwiebeln darin unter Schwenken der Pfanne anschwitzen. 30 g Butter stückchenweise dazugeben und mit 80 ml Hühnerbrühe aufgießen. Brokkoli dazugeben und mit Salz und Pfeffer würzen. Die Zwiebelringe unter das Gemüse mischen und zu der tranchierten Kalbsschulter servieren. Wer möchte, reicht in Butter geschwenkte Kartoffeln dazu.

Eisbombe mit dreierlei Schokolade

ZUTATEN

6 Eigelb, 2 Eier, 220 g Zucker, 50 ml Wasser, je 180 g weiße, Zartbitter- und Vollmilchkuvertüre, 2 cl Kirschwasser, 2 cl Orangenlikör, 2 cl Rum, 1,2 kg Sahne, Schokoladenspäne zum Garnieren

1. Eigelb und Eier mit 20 g Zucker schaumig schlagen. Restlichen Zucker mit Wasser köcheln lassen, bis die Flüssigkeit klar ist. Unter die Eigelbmasse rühren und weiterschlagen, bis sie schaumig ist.

2. Die Kuvertüren getrennt im Wasserbad schmelzen lassen. Die Schaummasse auf drei Schüsseln verteilen und jeweils mit einer Kuvertüre vermischen. Die weiße Mischung mit Kirschwasser, die dunkle mit Rum und die Vollmilchmischung mit Orangenlikör abschmecken.

3. Die Sahne steif schlagen und jeweils ein Drittel unter die Schokoladenmassen ziehen. Eine runde Schüssel oder eine Eisbombenform erst mit der weißen, dann mit der dunklen und zum Schluß mit der Vollmilchmasse füllen. Dabei jede Schicht erst gefrieren lassen, bevor die nächste eingefüllt wird. Vor dem Stürzen nochmals einige Stunden tiefkühlen.

FRÜHLINGS-MENÜ

*Frühling liegt in der Luft.
Mit frischen Erdbeeren und zartem Spargel
wird der Gaumen sanft verwöhnt.*

--- F R Ü H J A H R ---

FRÜHLINGS-MENÜ
FÜR 4 PERSONEN

Gebratener Spargelsalat mit Morcheln
Geschmortes Kaninchen mit Tomaten
Erdbeeren und Rhabarber in rosa Champagnergelee

VORBEREITUNG

Beim Spargelkauf sollten Sie darauf achten, daß die Schnittflächen nicht bräunlich sind und die Spargelstangen beim Aneinanderreiben „knistern": Dann ist der Spargel frisch. Morcheln sind zwar teuer, aber die Zeit – von April bis Juni –, in der man diese edlen Pilze frisch bekommt, ist sehr kurz. Gönnen Sie sich deshalb einmal diesen Luxus.

Das Dessert kann man morgens zubereiten, ebenso die Vorspeise. Das Dessert kalt stellen, die Vorspeise kurz vor dem Servieren leicht anwärmen. Das Kaninchen so zubereiten, daß es fertig ist, wenn die Gäste kommen.

Garnieren Sie den Spargel-Morchel-Salat mit ein paar frischen Salatblättern. Reichen Sie zum geschmorten Kaninchen frisches, knuspriges Weißbrot.

GETRÄNKEEMPFEHLUNG

Als Aperitif und zum Dessert ein Glas rosa Champagner. Zum Essen paßt entweder ein etwas gehaltvollerer Weißwein oder ein fruchtbetonter Roséwein, z. B. ein Vernatsch aus Südtirol.

Gebratener Spargelsalat mit Morcheln

ZUTATEN

Je 500 g weißer und grüner Spargel, ¼ l Hühnerbrühe,
150 g frische Morcheln, 1 TL Puderzucker, 20 g Butter,
4 EL Sherry (halbtrocken), 50 g eiskalte Butter, etwas Zitronensaft, Salz,
Cayennepfeffer, 1 EL frisch gehackte Petersilie

1. Die Spargelstangen schälen, die grünen nur am unteren Drittel. Die Enden abschneiden, die Stangen der Länge nach halbieren und in schräge, 3 cm lange Stücke schneiden. Aus den gewaschenen Schalen und Spargelenden sowie der Hühnerbrühe einen Spargelfond kochen.

2. Die Morcheln gründlich putzen, kurz waschen und abtropfen lassen.

3. Puderzucker bei schwacher Hitze karamelisieren lassen, den Spargel hineingeben und die Butter hinzufügen. Mit 1 EL Spargelsud ablöschen und bißfest garen.

4. Die Morcheln dazugeben und mit Sherry und etwas Spargelfond ablöschen. Kurz durchkochen lassen, dann von der Kochstelle nehmen und die eiskalte Butter in Flocken unterschwenken. Mit Zitronensaft, Salz und Cayennepfeffer abschmecken und mit Petersilie bestreuen.

FRÜHJAHR

Geschmortes Kaninchen mit Tomaten

ZUTATEN

500 g Cocktailtomaten, 1 Zwiebel, 4 Kaninchenkeulen, Salz,
frisch gemahlener Pfeffer und Piment, 3 EL Olivenöl,
1 Lorbeerblatt, 1 TL Tomatenmark, 50 ml Weißwein,
⅛ l Hühnerbrühe, 1 frischer Estragonzweig

1. Cocktailtomaten waschen und halbieren. Zwiebel schälen, halbieren und in 1 cm große Würfel schneiden. Den Backofen auf 130° C vorheizen.

2. Die Kaninchenkeulen mit Salz, Pfeffer und Piment würzen. 2 EL Öl in einem Bräter erhitzen und die Keulen mit dem Lorbeerblatt darin anbraten. Dann die Keulen wieder herausnehmen und das Tomatenmark bei schwacher Hitze im Bratfett anrösten. Mit Wein ablöschen und die Cocktailtomaten sowie die Zwiebelwürfel dazugeben. Wenige Minuten andünsten, dann die Keulen darauflegen, mit Brühe begießen und zugedeckt im heißen Backofen etwa 50 Minuten schmoren lassen. Dabei gelegentlich mit Schmorflüssigkeit begießen.

3. Die Keulen herausnehmen und das Lorbeerblatt entfernen.

4. Den Schmorfond mit dem Gemüse und dem restlichen Olivenöl mit dem Stabmixer fein pürieren. Durch ein feines Sieb passieren.

5. Die Estragonblätter abzupfen, fein schneiden und in die Sauce legen. Noch wenige Minuten bei schwacher Hitze ziehen lassen.

6. Das Fleisch von den Knochen lösen, auf einer vorgewärmten Platte anrichten und mit der Sauce überziehen. Mit knusprigem Weißbrot servieren.

SCHUHBECKS TIP

Nehmen Sie unbedingt frischen Estragon für dieses Gericht. Aber auf keinen Fall mit kochen lassen, da sonst die Sauce bitter wird.

FRÜHJAHR

Erdbeeren und Rhabarber in rosa Champagnergelee

ZUTATEN

4 Rhabarberstangen, 300 ml Weißwein, 200 ml Wasser, 180 g Zucker,
1 Vanilleschote, 400 g Erdbeeren, 4 Blatt weiße Gelatine,
100 ml rosa Champagner

1. Rhabarber schälen, die Enden abschneiden, Rhabarberstangen der Länge nach vierteln und in schräge, etwa 2 cm lange Stücke schneiden. Schalen und die Enden mit Wein und Wasser, 100 g Zucker sowie der aufgeschlitzten Vanilleschote aufkochen lassen, dann bei schwacher Hitze 10 bis 15 Minuten ziehen lassen. Den Sud durch ein Sieb gießen und den Fond auffangen.

2. Rhabarberstücke mit Zucker bestreuen und kurz ziehen lassen. Mit dem sich gebildeten Saft in eine Form geben und im 180° C heißen Backofen 10 Minuten garen. Auf einem Sieb abtropfen lassen und den Saft unter den Rhabarberfond rühren.

3. Erdbeeren putzen und vierteln. Die eingeweichte, ausgedrückte Gelatine im heißen Rhabarberfond auflösen. Kalt stellen. Sobald die Flüssigkeit zu gelieren beginnt, Früchte und Champagner darunterrühren. In Dessertschalen oder hohen Gläsern servieren und eventuell mit Erdbeeren, Sahne und Minze garnieren.

Menü für Verliebte

Für einen unvergeßlichen Abend zu zweit darf es schon mal etwas Besonderes sein.

FRÜHJAHR

MENÜ FÜR VERLIEBTE

FÜR 2 PERSONEN

Artischocken mit dreierlei Dips
Scampi mit scharfem Gemüse
Holunderblütensorbet mit Kirschen

VORBEREITUNG

Ein verführerisches Menü für Verliebte darf natürlich nicht sehr arbeitsaufwendig sein, man will schließlich die gemeinsame Zeit entspannt genießen.

Die Artischocken müssen lediglich gekocht werden. Die Dips kann man gut schon einige Stunden vorher zubereiten. Holundersirup und Kirschragout werden am Vortag gekocht. Das Gemüse für den Hauptgang schnippeln Sie in aller Ruhe einige Stunden vorher.

Nicht vergessen, daß das Sorbet rechtzeitig in die Eismaschine oder ins Gefrierfach gestellt wird. Es benötigt etwa 4 Stunden im Gefrierfach. In der Eismaschine geht es schneller.

Nachdem die Artischocken mit Genuß verzehrt worden sind, können die Scampi mit dem Gemüse auch zu zweit zubereitet werden.

GETRÄNKEEMPFEHLUNG

Zur Begrüßung kann es nur eins geben: Champagner.
Zu den Scampi paßt ein würziger, aber leichter Weißwein, der dem scharfen Gemüse standhält. Probieren Sie einen Gewürztraminer aus Norditalien.

Artischocken mit dreierlei Dips

ZUTATEN

2 große Artischocken, ½ Zitrone, Salz

Für die Vinaigrette: 2 Tomaten, 2 Schalotten, 2 EL Aceto Balsamico, 4 EL Gemüsebrühe, 3 EL Olivenöl, Salz, frisch gemahlener Pfeffer, 2 EL kleine Kapern, 1 EL gehackte Petersilie

Für die Senf-Dill-Honig-Sauce: 1 TL scharfer Senf, 1 EL Honig, 200 g saure Sahne, 100 g Crème fraîche, Saft von ½ Zitrone, ½ Bund Dill, Salz, 1 Prise Zucker, Cayennepfeffer

Für den Avocadodip: ½ Zwiebel, 1 Knoblauchzehe, 1 Avocado, 150 g Frischkäse, 1–2 EL saure Sahne, Saft von ½ Zitrone, Salz, Cayennepfeffer

1. Von den Artischocken den Stiel abschneiden und mit einer halben in Scheiben geschnittenen Zitrone in leicht gesalzenem Wasser in etwa 30 bis 35 Minuten gar kochen. Herausnehmen und warm mit einem der nachfolgenden Dips servieren.

2. Für die Vinaigrette die Tomaten halbieren, entkernen und das Fruchtfleisch in kleine Würfel schneiden. Die geschälten Schalotten ebenfalls in kleine Würfel schneiden und kurz blanchieren. Die übrigen Zutaten gründlich verquirlen, die Gemüsewürfel untermischen.

3. Für die Senf-Dill-Honig-Sauce Senf, Honig, saure Sahne, Crème fraîche und Zitronensaft verrühren. Den Dill grob schneiden, untermischen und mit Salz, Zucker und Cayennepfeffer würzen.

4. Für den Avocadodip Zwiebel und Knoblauch schälen und in kleine Würfel schneiden. Die Avocado schälen, halbieren und mit Frischkäse, saurer Sahne und Zitronensaft fein pürieren. Zwiebel und Knoblauch unterrühren und mit Salz und Cayennepfeffer scharf abschmecken.

5. Die Saucen auf drei Schalen verteilen. Die noch warmen Artischocken auf Tellern anrichten. Die fleischigen Enden der abgezupften Blätter in die Saucen tauchen und genußvoll verzehren.

Scampi mit scharfem Gemüse

ZUTATEN

1 kleiner Brokkoli, 1 Bund Frühlingszwiebeln, 1 Handvoll Spinatblätter,
6 kleine eingelegte Maiskölbchen, 1 kleine Chilischote,
2 EL Olivenöl, 300 g rohe, geschälte Scampi,
je 1 TL gehackter Ingwer und Knoblauch,
2 cl Amontillado-Sherry (medium), 1 EL Chilisauce, 1 Prise Zucker, Salz,
1 EL Zitronensaft, 1 EL gehackte Petersilie

1. Den Brokkoli in kleine Röschen teilen, den Stiel schälen und in Stücke schneiden. Von den Frühlingszwiebeln einen Teil der grünen Enden entfernen und die Zwiebeln mit einem Drittel des Grüns der Länge nach halbieren. Die Spinatblätter verlesen, waschen und gut abtropfen lassen. Die entkernte Chilischote in dünne Ringe schneiden.

2. Olivenöl in einer Pfanne erhitzen und die Scampi bei mittlerer Hitze darin anbraten. Herausnehmen und in Alufolie gewickelt warm halten.

3. Ingwer, Knoblauch und Chili in die Pfanne geben und kurz durchschwenken, dann erst den Brokkoli darin anbraten, nach wenigen Minuten die Frühlingszwiebeln dazugeben und unter Rühren bißfest garen.

4. Zum Schluß die Spinatblätter untermischen und mit Sherry ablöschen. Mit Chilisauce, Zucker, Salz, Zitronensaft und Petersilie würzen und kurz durchschwenken. Die Scampi auf das Gemüse legen und in wenigen Minuten gar ziehen lassen. Mit knusprigem Weißbrot servieren.

SCHUHBECKS TIP

Statt Scampi können Sie auch Riesengarnelen oder in kleine Würfel geschnittenes Fleisch vom Seeteufel für dieses Gericht verwenden.

Holunderblütensorbet mit Kirschen

ZUTATEN

Für das Sorbet: ½ l Weißwein, ⅛ l Wasser, 2 EL Zitronensaft, 150 g Zucker, 5 Holunderblütendolden

Für die Kirschsauce: 150 Herzkirschen, ½ TL Speisestärke, 50 ml Rotwein, 50 ml roter Portwein, 50 ml Kirschsaft, 1 kleines Stückchen Zimtstange, 1 Stückchen Zitronenschale, 2 cl Kirschwasser, 1 TL Honig

1. Weißwein, Wasser, Zitronensaft und Zucker aufkochen lassen. Von der Kochplatte nehmen und die gründlich gewaschenen und gut abgetropften Holunderblüten ohne Stiele hineinlegen. 24 Stunden ziehen lassen, dann durch ein Sieb gießen und in einer Eismaschine oder im Tiefkühlgerät gefrieren lassen.

2. Die Kirschen waschen und entkernen. Die Speisestärke mit etwas Rotwein verquirlen. Restlichen Rotwein mit Portwein, Kirschsaft, Zimtstange und Zitronenschale zum Kochen bringen. Mit der angerührten Stärke binden und kurz aufkochen lassen. Durch ein Sieb über die vorbereiteten Kirschen gießen und mit Kirschwasser und Honig verfeinern.

3. Die Kirschen auf zwei Gläser verteilen und je eine große Kugel Holundersorbet in die Mitte geben.

Italienisches Menü

Da werden Urlaubserinnerungen an sonnige Tage in Italien wach. Mit Pasta, Parmaschinken und Prosecco.

― SOMMER ―

*J*TALIENISCHES MENÜ
FÜR 6 PERSONEN

Pasta mit Rucolapesto
Involtini mit Parmaschinken
Panna cotta mit Aprikosen

VORBEREITUNG

Alle Gerichte sind nicht nur leicht bekömmlich, sondern auch rasch gemacht. Die Involtini werden einige Stunden vorher aufgerollt und im Kühlschrank aufbewahrt. Die Panna cotta schmeckt besser, wenn sie gut durchgekühlt ist, ebenso das Aprikosenkompott. Daher ist beides schon gut am Vortag fertigzustellen. Eine Stunde vor Eintreffen der Gäste das Zucchinigemüse und die Involtini zubereiten und beiseite stellen. Die Fleischröllchen nur ganz kurz braten und von der Kochstelle nehmen. Alles für die Pasta vorbereiten. Während der Aperitif getrunken wird, die Orecchiette ins kochende Salzwasser geben. Tomaten, Rucolapesto und Mozzarella mit den abgetropften Nudeln vermischen und sofort servieren. Fleisch und Gemüse kurz erwärmen und mit Weißbrot servieren.

GETRÄNKEEMPFEHLUNG

Als Aperitif einen Prosecco (Spumante).
Zum Hauptgang einen frischen Sommerwein, z. B. einen stillen Prosecco-Wein, einen Soave oder einen Lugana aus Venetien.

Pasta mit Rucolapesto

ZUTATEN

150 g Rucola, 3 EL Olivenöl,
1 EL frisch geriebener Parmesan, ½ Knoblauchzehe, Zitronensaft,
frisch gemahlener Pfeffer, 6 Tomaten, 200 g Mozzarella,
Salz, 400 g Orecchiette

1. Rucolablätter von den Stielen zupfen, grob hacken und mit Olivenöl, Parmesan, Knoblauchzehe und Zitronensaft mit dem Stabmixer fein pürieren. Mit Pfeffer kräftig würzen.

2. Die Tomaten waschen, halbieren, entkernen und das Fruchtfleisch in kleine Würfel schneiden. Mozzarella ebenfalls in kleine Würfel schneiden.

3. Reichlich Salzwasser zum Kochen bringen und die Orecchiette darin, nach Anweisung auf der Packung, al dente kochen.

4. Die Orechiette abgießen, auf einem Durchschlag abtropfen lassen und sofort mit dem Rucolapesto, den Tomaten- und Mozzarellawürfeln vermischen.

Involtini mit Parmaschinken

ZUTATEN

Für die Involtini: 60 g Bratwurstbrät, 2 EL Sahne, 1 EL frisch gehackte Petersilie, 6 sehr dünn geschnittene Kalbsschnitzel (je 80–100 g), 100 g hauchdünn geschnittener Parmaschinken, 6 große Salbeiblätter, 2 EL Olivenöl, 3 Knoblauchzehen in der Schale, 4 cl Marsala, ⅛ l trockener Weißwein, 200 ml Fleischbrühe, 20 g eiskalte Butter

Für das Gemüse: 3 kleine Zucchini, 2 EL Olivenöl, Salz, frisch gemahlener Pfeffer, etwas feingehacktes Bohnenkraut, 100 g entkernte, schwarze Oliven

1. Das Bratwurstbrät mit Sahne und Petersilie verrühren und auf die Schnitzel streichen. Mit Parmaschinkenscheiben belegen und aufrollen. Mit je einem Salbeiblatt umhüllen und dieses jeweils mit Hilfe eines Zahnstochers feststecken.

2. 2 EL Olivenöl mit den Knoblauchzehen in einer Pfanne erhitzen und die Fleischröllchen darin bei mittlerer Hitze rundherum anbraten.

3. Mit Marsala, Wein und Brühe aufgießen und bei schwacher Hitze in etwa 10 Minuten garen lassen. Von der Kochplatte nehmen, die Knoblauchzehen entfernen und die kalte Butter in kleinen Flöckchen unter die Sauce rühren.

4. Die Zucchini waschen, der Länge nach halbieren und in 2 bis 3 mm dicke Scheiben schneiden. Olivenöl erhitzen und die Zucchinischeiben darin anbraten. Mit Salz, Pfeffer und Bohnenkraut würzen und die geviertelten oder in Scheiben geschnittenen Oliven untermischen.

5. Die Involtini mit der Sauce überziehen und mit dem Zucchini-Oliven-Gemüse servieren. Dazu paßt knuspriges Weißbrot.

SCHUHBECKS TIP

Die Involtini schmecken an heißen Sommertagen auch kalt, in Scheiben geschnitten mit Weißbrot.

Panna cotta mit Aprikosen

ZUTATEN

400 ml Milch, 2 aufgeschlitzte Vanilleschoten, 50 g Zucker,
4 Blatt weiße Gelatine, 200 g Sahne
12 vollreife, aber noch feste Aprikosen, 3 EL Puderzucker,
50 ml Vin Santo (ital. Dessertwein), 1 EL Zitronensaft, 10 g eiskalte Butter

1. Die Milch mit den Vanilleschoten und dem Zucker aufkochen lassen. Durch ein Sieb gießen und beiseite stellen.

2. Die Gelatine in kaltem Wasser einweichen und gut ausgedrückt in der warmen Vanillemilch auflösen. Kühl stellen, bis die Flüssigkeit zu gelieren beginnt. Die Sahne steif schlagen und unterziehen. In 6 Tassen füllen und fest werden lassen.

3. Aprikosen halbieren, entkernen und vierteln. Puderzucker goldgelb karamelisieren lassen. Die Aprikosenviertel hineingeben und kurz anschwitzen.

Mit Vin Santo und Zitronensaft ablöschen und gar werden lassen. Von der Kochplatte nehmen und die kalte Butter unterrühren.

4. Die Panna cotta aus den Tassen stürzen und die abgekühlten Aprikosen dazu anrichten.

MENÜ FÜR EIN SOMMERFEST

*Ob zum Geburtstag oder einfach nur
aus purer Lust am Feiern:
Laden Sie doch zu einem Sommerfest ein.*

SOMMER

Menü für ein Sommerfest
für 8 Personen

Sommersalat mit Crostini

Gebratene Rinderlende mit Paprikagemüse

Fruchttorte

VORBEREITUNG

Bis auf das Anmachen des Salats, das Belegen der Crostini und das Braten der Rinderlende können Sie für dieses Fest alles in Ruhe vorbereiten.

Das Paprikagemüse und die Torte wird am Vortag gemacht.

Am Tag des Festes sollten Sie morgens den Salat putzen und den Thunfischbelag für die Crostini zubereiten. Die Rinderlende bestreichen Sie mit dem Würzsenf. Etwa 1 ½ Stunden vor dem Essen die Rucola-Tomaten-Mischung und den Avocado-Belag zubereiten und die Brote rösten. Das Fleisch anbraten und beim Eintreffen der Gäste in den Backofen schieben. Sie haben nun gemütliche 45 Minuten Zeit für den Aperitif und die Vorspeise.

Zum saftigen Kuchen gibt es Espresso, Kaffee oder ein Glas Sekt.

GETRÄNKEEMPFEHLUNG

Servieren Sie zum Salat und den Crostini einen leichten italienischen Sommerwein, z. B. einen Verdicchio. Zur Rinderlende paßt am besten ein junger, aber fruchtbetonter Rotwein, z. B. ein Merlot.

SOMMER

Sommersalat mit Crostini

ZUTATEN

300 g gemischter Sommersalat (z. B. Rucola, Kopfsalat, Römischer Salat),
Saft von 1 Zitrone, Salz, frisch gemahlener Pfeffer,
1 Prise Zucker, 4 EL Olivenöl, 80 ml Hühnerbrühe,
24 Scheiben Stangenweißbrot

1. Die Salatblätter putzen, waschen und in mundgerechte Stücke teilen. Zitronensaft mit Salz, Pfeffer, Zucker, Olivenöl und Brühe verquirlen. Den Salat damit anmachen und mit den Crostini servieren.

2. *Für die Thunfisch-Crostini:*
150 g abgetropften, eingelegten Thunfisch mit einer Gabel fein zerdrücken und mit 50 g Frischkäse verrühren. Mit Salz, Pfeffer und 2 EL Zitronensaft würzen und zum Schluß 1 EL kleine Kapern und 1 EL feingeschnittenen Schnittlauch dazugeben. 8 Weißbrotscheiben damit bestreichen.

3. *Für die Tomaten-Avocado-Crostini:*
200 g Tomaten kurz blanchieren, häuten, halbieren, entkernen und in kleine Würfel schneiden. Eine vollreife aber noch feste Avocado halbieren, entkernen und schälen. Das Fruchtfleisch in kleine Würfel schneiden. 2 EL Zitronensaft, 2 EL Olivenöl, Salz, Pfeffer und 1 Prise Zucker verquirlen. Die Avocado- und Tomatenwürfel damit marinieren und zum Schluß 1 EL feingeschnittene Basilikumblätter daruntermischen.
8 Weißbrotscheiben damit belegen.

4. *Für die Crostini mit Rucola und eingelegten Tomaten:*
1 Bund Rucola waschen, abtropfen lassen und die Blätter von den Stielen zupfen. Die Stiele fein hacken, die Blätter in Streifen schneiden, ebenso 100 g gut abgetropfte, in Öl eingelegte getrocknete Tomaten. Alles miteinander vermischen und mit Salz, Zucker, etwas Zitronensaft und 1 EL Öl von den eingelegten Tomaten marinieren.
8 Brotscheiben mit 50 g Frischkäse bestreichen und mit der Rucola-Tomaten-Mischung belegen.

SOMMER

Gebratene Rinderlende mit Paprika

ZUTATEN

Für das Paprikagemüse: je 2 rote und gelbe Paprikaschoten,
2 weiße Zwiebeln, 2 kleine Zucchini, 30 g Puderzucker, 3 Thymianzweige,
2 Knoblauchzehen in der Schale, 200 ml Olivenöl, Salz,
frisch gemahlener Pfeffer, 80 ml Aceto Balsamico, 50 ml Wasser
Für die Rinderlende: 1 TL Wacholderbeeren, 1 EL schwarze Pfefferkörner,
1 TL Korianderkörner, 1 TL Senfkörner, 1 EL Olivenöl,
2 EL mittelscharfer Senf, 1 Rinderlende von 1,2 kg, Salz, 3 EL Öl

1. Für das marinierte Paprikagemüse die Schoten halbieren, Stielansätze und Kerne entfernen, waschen und die Hälften in Rauten schneiden. Zwiebeln schälen, Zucchini waschen, erst längs in Scheiben, dann ebenfalls in Rauten schneiden. Puderzucker bernsteinfarben karamelisieren lassen und die Gemüserauten, Thymian und Knoblauch darin anbraten. 4 EL Olivenöl dazugeben mit Salz und Pfeffer würzen und mit Essig und Wasser ablöschen. In wenigen Minuten bißfest garen, das restliche Öl dazugeben und zugedeckt 24 Stunden marinieren.

2. Für die Rinderlende die Wacholderbeeren, Pfeffer-, Koriander- und Senfkörner in einem Mörser fein zerdrücken und mit Olivenöl und Senf verrühren.

3. Die Rinderlende waschen, trockentupfen, salzen und mit dem Gewürzsenf bestreichen. Den Backofen auf 120°C vorheizen.

4. Öl in einer Pfanne erhitzen und das Fleisch darin von allen Seiten scharf anbraten. Auf ein Gitter legen und über einer Fettpfanne im heißen Backofen in etwa 45 Minuten rosa garen.

5. Das Fleisch vor dem Anschneiden kurz ruhen lassen, dann in dünne Scheiben schneiden und mit dem marinierten Paprikagemüse servieren. Dazu passen entweder Bratkartoffeln oder Weißbrot.

SOMMER

Fruchttorte

ZUTATEN

Für den Teig: 5 Eigelb, 120 g Zucker, 1 Prise Salz, 1 TL abgeriebene Zitronenschale, 5 Eiweiß, 100 g Mehl, 50 g Speisestärke, 200 g Krokant 1,5 kg frische Früchte (z. B. Pfirsiche, Nektarinen, Kirschen, Weintrauben, Himbeeren und Erdbeeren)

Für die Creme: 4 Blatt weiße Gelatine, 40 g Speisestärke, 4 Eigelb, 450 ml Milch, 100 g Zucker, 1 Prise Salz, 2 aufgeschlitzte Vanilleschoten, 400 g Sahne, 150 g Aprikosenkonfitüre, 30 g geröstete Mandelblättchen

1. Backofen auf 180° C vorheizen. Eigelb mit 100 g Zucker, Salz und Zitronenschale schaumig rühren. Eiweiß mit restlichem Zucker steif schlagen und mit Mehl, Speisestärke und Krokant unter die Eigelbmasse ziehen. In eine mit Backpapier ausgelegte Springform füllen und im heißen Backofen 25 Minuten backen.

2. Früchte waschen, Pfirsiche und Nektarinen häuten, halbieren und in kleine Würfel schneiden. Kirschen entsteinen, Weintrauben halbieren und entkernen und mit den Beeren und den Fruchtwürfeln vermischen.

3. Gelatine in kaltem Wasser einweichen. Speisestärke mit Eigelb und etwas kalter Milch verrühren. Restliche Milch mit Zucker, Salz und den aufgeschlitzten Vanilleschoten aufkochen lassen. Die angerührte Stärke hinzufügen und 1 bis 2 Minuten unter Rühren köcheln lassen. In eine Schüssel umfüllen und die Vanilleschoten entfernen. Die gut ausgedrückte Gelatine unterrühren und die Masse abkühlen lassen. Die Hälfte der Sahne steif schlagen und unterziehen.

4. Biskuitboden zweimal durchschneiden. Eine Teigplatte in die Springform legen, mit Konfitüre bestreichen, mit Früchten belegen und mit Creme bedecken. Den Vorgang wiederholen und mit der dritten Teigplatte bedecken. 5 Stunden kühl stellen. Dann die Torte mit der restlichen steifgeschlagenen Sahne bestreichen und mit Mandelblättchen und mit einigen Früchten garnieren.

Vegetarisches Menü

Genau das richtige für heiße Sommertage: frischer Salat, ein leichtbekömmliches Gemüsegericht und ein fruchtiges Dessert.

―― SOMMER ――

Vegetarisches Menü
FÜR 4 PERSONEN

Sauerrahmgelee mit Fenchel-Karotten-Salat

Gemüselasagne

Exotischer Fruchtsalat

VORBEREITUNG

Bei diesem Menü läßt sich alles gut vorbereiten, ohne daß etwas von den feinen Aromen verlorengeht. Damit das Sauerrahmgelee richtig sturzfest ist, muß es bereits am Vortag gemacht werden.

Der Salat schmeckt ebenfalls aromatischer, wenn man ihn am Vortag zubereitet. Die Gemüselasagne können Sie in aller Ruhe in den kühleren Morgenstunden vorbereiten und mit Folie bedeckt in den Kühlschrank stellen. Falls Sie noch weniger Zeit investieren möchten, nehmen Sie fertige Nudelplatten aus der Packung.

Den Fruchtsalat können Sie einige Stunden vor Eintreffen der Gäste fertigstellen und im Kühlschrank gut durchziehen lassen.

GETRÄNKEEMPFEHLUNG

Bieten Sie als Aperitif einen kühlen, trockenen Fino-Sherry an und zur Gemüselasagne einen kräftigen Silvaner aus Franken.

SOMMER

Sauerrahmgelee mit Fenchel-Karotten-Salat

ZUTATEN

2 Fenchelknollen, 3 Blatt weiße Gelatine, Saft von ½ Zitrone, 400 g saure Sahne, Salz, Cayennepfeffer, abgeriebene Schale von ½ unbehandelten Orange, 200 g Sahne, 3 Karotten, 4–5 EL Gemüsebrühe, Saft von 1 Zitrone, 6 EL Olivenöl, frisch gemahlener Pfeffer, 1 Prise Zucker, 2 kleinere Kartoffeln, 1 EL frisch gehackte Petersilie

1. Die Fenchelknollen waschen. Das Grün abschneiden und fein hacken.

2. Für das Gelee die Gelatineblätter in kaltem Wasser einweichen. Den Zitronensaft erwärmen und die gut ausgedrückte Gelatine bei schwacher Hitze darin auflösen. Nach und nach die saure Sahne dazugeben und mit Salz, Cayennepfeffer und Orangenschale abschmecken. Die Sahne steif schlagen und mit dem Fenchelgrün gleichmäßig unter das zu gelieren beginnende Sauerrahmgelee ziehen. Die Masse in Förmchen füllen und mit Folie bedeckt im Kühlschrank erstarren lassen.

3. Die Fenchelknollen putzen, waschen und halbieren. Die Karotten putzen und schälen. Beides der Länge nach in dünne Scheiben schneiden.

4. Die Gemüsebrühe mit dem Zitronensaft, 4 EL Olivenöl, Salz, Pfeffer und Zucker verquirlen und die Salatzutaten damit marinieren. Zugedeckt mindestens 1 bis 2 Stunden durchziehen lassen.

5. Die Kartoffeln schälen und in dünne Scheiben schneiden. Das restliche Olivenöl erhitzen und die Kartoffelscheiben darin bei mittlerer Hitze goldbraun und knusprig braten. Mit Salz und Pfeffer würzen und auf Küchenpapier abtropfen lassen.

6. Die Förmchen in heißes Wasser tauchen, auf vier Teller stürzen. Um das Sauerrahmgelee den Salat und die Kartoffelscheiben anrichten. Mit Petersilie bestreut servieren.

SOMMER

Gemüselasagne

ZUTATEN

Für den Teig: 125 g Mehl, 50 g Hartweizengrieß, 1 Ei, 1 Eigelb,
2–3 EL Olivenöl, Salz, Mehl zum Ausrollen

Für die Füllung: 200 g geriebener Hartkäse, 2 Lauchstangen, 1 Zwiebel,
1 Knoblauchzehe, 500 g frische Spinatblätter, 400 g frische Steinpilze,
20 g Butter, 400 ml Hühnerbrühe, Salz, frisch gemahlener Pfeffer, Muskat,
2 EL Olivenöl, 200 g Tomatenstücke, Piment,
1 EL gehackte Petersilie, 1 EL Puderzucker, ⅛ l Weißwein,
1 EL Speisestärke, 100 g Sahne

1. Aus den Zutaten einen Nudelteig verarbeiten. 30 Minuten ruhen lassen. Den Teig ausrollen und 6 Rechtecke (10 x 15 cm) zuschneiden. In Salzwasser bißfest kochen.

2. Lauch putzen, waschen und in feine Streifen schneiden. Zwiebel und Knoblauch schälen und in kleine Würfel schneiden. Spinat verlesen, waschen und gut abtropfen lassen. Steinpilze putzen und in Scheiben schneiden.

3. Butter zerlassen und Zwiebeln, Knoblauch und Lauch darin andünsten. Mit Brühe begießen und mit Salz, Pfeffer und Muskat würzen. Den Spinat dazugeben und zusammenfallen lassen. Auf ein Sieb geben und die Flüssigkeit auffangen. Backofen auf 150°C vorheizen.

4. Öl erhitzen und die Pilze darin scharf anbraten. Tomatenstücke mit Salz und Piment würzen, die Petersilie untermischen.

5. Puderzucker karamelisieren lassen, mit Wein ablöschen und einkochen lassen. Die Gemüseflüssigkeit dazugeben und mit der kalt angerührten Speisestärke binden. Die Sahne unterrühren und würzen.

6. Eine gefettete Auflaufform mit 2 Teigplatten auslegen. Jeweils die Hälfte des Lauchgemüses, der Tomaten und der Pilze, ein Drittel der Sauce daraufgeben. Mit Nudelplatten bedecken und diese genauso belegen. Erneut mit Nudelplatten bedecken, die Sauce darauf verteilen und mit Käse bestreuen. Im Backofen etwa 35 Minuten backen.

SOMMER

Exotischer Fruchtsalat

ZUTATEN

¼ l Wasser, 30 g Zucker, 30 g frischer, in Scheiben geschnittener Ingwer,
Mark von 1 Vanilleschote, 1 Gewürznelke, ½ TL Anissamen,
1–2 EL Honig, 1 Kiwi, 1 Papaya, ½ kleine Ananas, 1 Ogenmelone

1. Wasser, Zucker und Gewürze zum Kochen bringen und einige Minuten kochen lassen. Den Honig unterrühren und abkühlen lassen. Dann durch ein Sieb gießen.

2. Die Früchte schälen, falls nötig entkernen, und in kleine Würfel schneiden. In eine Schüssel geben und mit dem Gewürzsirup übergießen.

3. Zugedeckt im Kühlschrank mindestens 3 bis 4 Stunden durchziehen lassen und gut gekühlt servieren.

SCHUHBECKS TIP

Wenn keine Kinder mit essen, können Sie den Salat kurz vor dem Servieren noch mit etwas Orangenlikör abschmecken.

Erntedank-Menü

Auch heute noch feiert man in ländlichen Regionen das Erntedankfest traditionell mit Geflügel und Schmalzgebäck.

HERBST

ERNTEDANK-MENÜ
FÜR 4 PERSONEN

Klare Fleischsuppe mit Brätstrudel
Freilandgockel mit Kräuterknödelfüllung
Apfelkücherl

VORBEREITUNG

Früher kochten die Bäuerinnen tagelang für das Erntedankfest. Es gab alles, was das Herz begehrte, und das in Hülle und Fülle. Wenn Sie das Erntedankfest einmal im kleinen Kreise feiern wollen, dann probieren Sie dieses Menü.
Die Fleischsuppe, den Brätstrudel und die Füllung für den Gockel bereiten Sie am Vortag zu. Etwa 2 Stunden vor dem Essen füllen Sie den Gockel und lassen ihn bei milder Temperatur im Backofen goldbraun werden. Die Apfelkücherl nicht zu früh ausbacken, denn sie schmecken lauwarm am besten.

GETRÄNKEEMPFEHLUNG

Als Aperitif schmeckt im Herbst ein Holundersaft oder frisch gepreßter Apfelsaft mit Sekt. Ein Gläschen Riesling Kabinett von der Mosel ist eine harmonische Begleitung zum kräuterduftenden Gockel.

Klare Fleischsuppe mit Brätstrudel

ZUTATEN

Für die Brühe: 300 g Rinderknochen, 500 g Rindfleisch (z. B. Beinscheibe), Salz, frisch gemahlener Pfeffer, 2 EL Öl, 1 Zwiebel, 1 Knoblauchzehe in der Schale, 1 TL Pfefferkörner, 1 Lorbeerblatt, 5 Pimentkörner, 1 Bund Suppengrün, 4 Petersilienzweige

Für den Strudelteig: 70 g Mehl, 175 ml Milch, 2 Eier, 80 g flüssige Butter, Salz, frisch geriebene Muskatnuß, 20 g Butter

Für die Füllung: 150 g Kalbsbrät, 4 EL Sahne, 1 Karotte, 1 TL frisch gehackter Thymian, Butter für die Folie

1. Die Knochen mit kochendheißem Wasser überbrühen und auf einem Sieb abtropfen lassen.

2. Das Fleisch mit Salz und Pfeffer würzen und im heißen Öl rundherum anbraten. Herausnehmen und die Schnittflächen der halbierten Zwiebel darin anbräunen. Knoblauchzehe und Gewürze in das heiße Fett geben und kurz mit anrösten.

3. Knochen und Fleisch dazugeben, mit 1½ bis 2 Liter Wasser aufgießen und bei schwacher Hitze offen etwa 2 Stunden leise köcheln lassen.

4. Das Suppengrün putzen, waschen und kleinschneiden. In die Suppe geben und weitere 30 Minuten köcheln lassen. Die Petersilienblätter abzupfen und beiseite legen, die Stiele 5 Minuten vor Ende der Garzeit in die Brühe geben. Die Brühe durch ein Sieb gießen.

5. Aus Mehl, Milch, Eiern und flüssiger Butter einen Pfannkuchenteig zubereiten. Mit Salz und Muskat würzen. Butter in einer Pfanne erhitzen und aus dem Teig dünne Pfannkuchen backen. Nebeneinanderliegend abkühlen lassen.

6. Kalbsbrät mit Sahne glattrühren. Karotte schälen und in kleine Würfel schneiden, kurz blanchieren und mit dem Thymian unter das Brät rühren. Die Pfannkuchen damit bestreichen, aufrollen und in gefettete Alufolie hüllen. Im leicht siedenden Wasser 10 bis 15 Minuten garen. Den Brätstrudel in Scheiben schneiden und mit der Petersilie in die heiße Brühe geben.

HERBST

Freilandgockel mit Kräuterknödelfüllung

ZUTATEN

1 Freilandgockel (ca. 1,5 kg), 4 Rosmarinzweige, 3 altbackene Brötchen, 100 g Butter, 1 Bund Petersilie, ½ Bund Thymian, 2 Zwiebeln, 2 Knoblauchzehen, 2 Eier, 50 ml Milch, Salz, frisch gemahlener Pfeffer, frisch geriebene Muskatnuß, 3 Tomaten, 1 Karotte, 100 g Knollensellerie, 2 EL Öl, 1 Lorbeerblatt, ¼ l Hühnerbrühe

1. Den Gockel waschen und trockentupfen. Von der Öffnung her mit Hilfe eines Löffelstiels die Haut vom Fleisch lösen und auf jeder Seite einen Rosmarinzweig dazwischenschieben.

2. Für die Füllung die Brötchen in ½ cm große Würfel schneiden und in 30 g Butter goldgelb anbraten. Die Kräuterblätter abzupfen. Petersilie grob, Rosmarin und Thymian fein hacken. 1 Zwiebel und 1 Knoblauchzehe schälen, in kleine Würfel schneiden und in 20 g Butter glasig dünsten. Mit den Kräutern, Eiern und Milch unter die Brötchen mischen und mit Salz, Pfeffer und Muskatnuß würzen.

3. Den Gockel mit Salz und Pfeffer würzen und mit der Brötchenmasse füllen. Die Öffnung mit Holzspießchen zustecken.

4. Tomaten blanchieren, häuten, vierteln und entkernen. Zwiebel, Karotte und Knollensellerie schälen und kleinschneiden. Backofen auf 150°C vorheizen.

5. Das Öl in einem Bräter erhitzen und den Gockel darin anbraten. Gemüse, restliche Knoblauchzehe mit der Schale und das Lorbeerblatt dazugeben, kurz mit andünsten und mit Brühe begießen. Das Hähnchen auf den Rücken legen und 30 Minuten zugedeckt garen. Dann den Deckel abnehmen und in etwa 45 Minuten goldbraun werden lassen, dabei mit der restlichen Butter bestreichen und mit Bratensaft begießen.

6. Den Gockel tranchieren, die Fülle herauslösen und in Scheiben schneiden. Die Sauce getrennt dazu reichen.

HERBST

Apfelkücherl

ZUTATEN

3 große aromatische Äpfel (z. B. Boskop), Saft von 1 Zitrone
Für den Teig: 160 g Mehl, 175 ml Weißwein, 3 EL Öl, 3 Eigelb,
Mark von ½ Vanilleschote, abgeriebene Schale von ¼ unbehandelten Zitrone,
3 Eiweiß, 1 Prise Salz, 70 g Zucker, etwas Zimt, Fritierfett

1. Die Äpfel schälen, das Kerngehäuse mit einem Apfelausstecher entfernen und die Äpfel in dickere Scheiben schneiden. Mit Zitronensaft beträufeln.

2. Mehl mit Wein, Öl, Eigelb, Vanillemark und Zitronenschale glattrühren. Das Eiweiß mit Salz und 20 g Zucker zu steifem Schnee schlagen und locker unter den Teig ziehen.

3. Das Fritierfett auf 160° C erhitzen. Die Apfelscheiben nacheinander in den Teig tauchen und portionsweise im heißen Fett goldbraun ausbacken.

4. Mit einem Schaumlöffel herausheben und auf Küchenpapier abtropfen lassen. Den restlichen Zucker mit Zimt vermischen und die noch heißen Apfelkücherl darin wenden. Sehr gut schmeckt dazu Vanilleeis.

HERBST-MENÜ

Selbst im "Goldenen Oktober" bietet die Natur noch vieles, was das Genießerherz höher schlagen läßt.

HERBST-MENÜ

FÜR 4 PERSONEN

Kürbissuppe
Ochsenfiletscheiben mit Kartoffel-Lauch-Gratin
Gratinierte Feigen mit Mandelschaum

VORBEREITUNG

Frühzeitig vorbereiten läßt sich bei diesem Menü lediglich die Kürbissuppe. Etwa eine Stunde vor dem Essen bereiten Sie das Kartoffel-Lauch-Gratin zu, außerdem können die Feigen geschält und mariniert und die Eigelbmasse aufgeschlagen werden.

Vor Eintreffen der Gäste die Fleischscheiben braten und in Alufolie wickeln, die Zwetschgen im Bratenfond garen. Das Gratin in den Backofen stellen. Nach dem Hauptgang schlagen Sie das Eiweiß steif und ziehen es mit den Mandeln unter die Eigelbmasse. Den Mandelschaum über die Feigen verteilen und gratinieren.

GETRÄNKEEMPFEHLUNG

Bieten Sie zum Aperitif und zur Suppe einen trockenen Amontillado-Sherry an. Zu den Ochsenfiletscheiben paßt ein kräftiger Rotwein: Versuchen Sie einmal einen spanischen Rioja. Zum Dessert kann man wieder auf den Sherry zurückgreifen.

HERBST

Kürbissuppe

ZUTATEN

400 g Kürbisfleisch, 2 mittelgroße Karotten, 1 Zwiebel, 3 EL Öl, Salz, frisch gemahlener Pfeffer, 1 TL frisch geriebener Ingwer, 1 kleines Lorbeerblatt, 750 ml Hühnerbrühe, 150 g Sahne, 1 TL Rotweinessig, 2 EL getrocknete Kürbiskerne, Kürbiskernöl nach Geschmack

1. Das Kürbisfleisch in Stücke schneiden, die Karotten schälen und ebenfalls kleinschneiden. Zwiebel schälen und in kleine Würfel schneiden.

2. Das Öl erhitzen und die Zwiebelwürfel und Karotten darin andünsten. Das Kürbisfleisch dazugeben und mit andünsten. Salzen und pfeffern und den Ingwer sowie das Lorbeerblatt hinzufügen. Mit Brühe aufgießen, aufkochen lassen und bei schwacher Hitze etwa 15 Minuten kochen lassen.

3. Das Lorbeerblatt entfernen und die Suppe mit dem Stabmixer fein pürieren. Die Sahne unterrühren und mit Essig abschmecken.

4. Die Kürbiskerne in einer Pfanne ohne Fettzugabe goldgelb und knusprig rösten.

5. Die Suppe auf tiefe Teller verteilen, mit Kürbiskernöl beträufeln und mit den Kürbiskernen bestreuen.

SCHUHBECKS TIP

Für diese schmackhafte Suppe nehme ich das orangerote Fruchtfleisch von Riesenkürbissen. Immer noch führt der Kürbis bei uns ein Schattendasein, obwohl das Gemüse fein schmeckt, vielseitig verwendbar und zudem sehr gesund ist. Viele schreckt sicherlich die Größe der Kürbisse ab, aber allmählich bieten immer mehr gut geführte Gemüseläden im Spätherbst den Riesenkürbis auch in familiengerechten Portionsstücken an.

HERBST

Ochsenfiletscheiben mit Kartoffel-Lauch-Gratin

ZUTATEN

4 Scheiben Ochsenlende à 120 g, Salz, frisch gemahlener Pfeffer,
250 g Zwetschgen, 2 EL Öl, 2 Wacholderbeeren, ⅛ l Portwein,
1 EL Rotweinessig, 1 Prise Zucker, 1 Stückchen Zitronenschale,
20 g eiskalte Butter

Für das Gratin: 1 Knoblauchzehe, 20 g Butter, 800 g Kartoffeln,
2 Lauchstangen, ⅛ l Milch, 400 g Sahne, Salz, frisch gemahlener Pfeffer,
frisch geriebene Muskatnuß

1. Die Ochsenlende etwas flach drücken und mit Salz und Pfeffer würzen. Die Zwetschgen waschen, halbieren und entkernen.

2. Öl mit den zerdrückten Wacholderbeeren erhitzen und die Fleischscheiben darin bei mittlerer Hitze auf beiden Seiten wenige Minuten braten. Die Fleischscheiben herausnehmen und in Alufolie wickeln. Das Bratfett abgießen und den Bratensatz mit Portwein und Essig ablöschen. Aufkochen lassen, dann die Zwetschgen hineingeben, Zucker und Zitronenschale dazugeben und kurz aufkochen lassen. Die Butter in kleinen Flöckchen untermischen.

3. Die Fleischscheiben mit den Essigzwetschgen begießen und mit dem Kartoffel-Lauch-Gratin servieren.

4. Für das Kartoffel-Lauch-Gratin eine Gratinform mit den Schnittflächen einer halbierten Knoblauchzehe ausreiben und mit der Hälfte der Butter ausfetten. Den Backofen auf 170°C vorheizen.

5. Kartoffeln schälen, waschen und und in dünne Scheiben schneiden. Lauch putzen, der Länge nach halbieren und quer in Streifen schneiden.

6. Milch und Sahne verquirlen und mit Salz, Pfeffer und Muskat würzen. Kartoffeln und Lauch untermischen und in die Form füllen. Die Oberfläche glattstreichen, mit der restlichen Butter in Flocken belegen und im heißen Backofen in etwa 40 Minuten goldbraun backen.

Gratinierte Feigen mit Mandelschaum

ZUTATEN

40 g Mandelblättchen, 250 g Himbeeren, 50 g Zucker, 8 Feigen,
2 EL Amaretto, 3 Eigelb, 130 g Zucker, 3 Eiweiß, Puderzucker

1. Die Mandelblättchen in einer Pfanne ohne Fett bei mittlerer Hitze goldbraun rösten.

2. Himbeeren verlesen, mit Zucker im Mixer fein pürieren und durch ein feines Sieb passieren.

3. Die Feigen vorsichtig häuten, vierteln und die Schnittflächen mit Amaretto beträufeln. Das Himbeermark auf vier Teller verteilen und je 8 Feigenviertel darauf anrichten. Den Grill vorheizen.

4. Das Eigelb mit der Hälfte des Zuckers schaumig schlagen. Das Eiweiß mit dem restlichen Zucker zu steifem Schnee schlagen und mit den Mandeln unter die Eigelbmasse ziehen. Über den Feigen verteilen und unter dem heißen Grill goldbraun gratinieren. Sofort servieren. Mit Puderzucker bestreuen.

MENÜ
ZUR JAGDSAISON

Ein Wildessen mit Preiselbeeren sollten Sie sich nicht entgehen lassen, auch wenn Sie nicht selbst auf die Pirsch gehen.

HERBST

Menü zur Jagdsaison
FÜR 10 PERSONEN

Fasanenterrine mit Pilzen
Rehragout mit Trauben und Speck
Fruchtstrudel mit Schlehenschaum

VORBEREITUNG

Wenn man viele Personen zu einem Menü eingeladen hat,
ist es wichtig, daß die Gerichte in aller Ruhe vorbereitet werden können.
Dann steht man nicht unter Zeitdruck und kann sich seinen Gästen widmen.

Die Fasananterrine sollten Sie unbedingt 1 bis 2 Tage vor dem großen
Festschmaus zubereiten, damit sich die Aromen voll entwickeln können.
Das Rehragout kann am Morgen zubereitet werden,
denn aufgewärmt schmeckt es noch mal so gut. Den Strudel können Sie
ebenfalls rechtzeitig backen. Kurz vor dem Servieren nur noch einmal
kurz erwärmen und kühlen Schlehenschaum dazu reichen.

Die Fasanenterrine richten Sie am besten mit einem kleinen Salat an,
zum Wildragout passen Schupfnudeln, aber auch Semmelknödel.

GETRÄNKEEMPFEHLUNG

Servieren Sie zur Vorspeise einen halbtrockenen Riesling.
Das Rehragout verträgt einen kräftigen Rotwein, z. B. einen Blauburgunder aus
Baden, und zum Strudel paßt eine fruchtige, edelsüße Rieslingauslese.

Fasanenterrine mit Pilzen

ZUTATEN

100 ml Rotwein, 4 cl Cognac, 4 cl roter Portwein, 3 Wacholderbeeren,
1 Lorbeerblatt, 5 Pimentkörner, je 2 Streifen unbehandelte Orangen- und
Zitronenschale, 1 TL Pfefferkörner, 2 Ingwerscheiben,
2 küchenfertige Fasane, Salz, frisch gemahlener Pfeffer, 500 g Sahne,
350 g Waldpilze (Pfifferlinge, Maronen oder Steinpilze), 40 g Butter,
50 g Pistazien, 100 g Kochschinken, 200 g fetter Speck

1. Rotwein mit Cognac, Portwein und den Gewürzen aufkochen lassen und durch ein Sieb gießen.

2. Die Fasane entbeinen und enthäuten. Das Keulenfleisch von den Sehnen befreien. Von den Brusthälften jeweils die schmalen Enden abschneiden. Keulenfleisch und die Brustenden in Würfel schneiden, mit der Rotweinmarinade begießen und zugedeckt 24 Stunden im Kühlschrank ziehen lassen.

3. Am nächsten Tag das Fleisch auf einem Sieb abtropfen lassen und die Flüssigkeit auffangen. Die Marinade bis auf ein Drittel einkochen lassen. Das Fleisch salzen und pfeffern, im Mixer fein pürieren, und im Tiefkühlgerät anfrieren lassen. Marinade und Sahne ebenfalls in das Tiefkühlgerät geben. Das eiskalte Fleisch erneut im Zerhacker pürieren, dabei erst die Marinade, dann die Sahne dazugeben. Kalt stellen.

4. Pilze putzen, falls nötig kleinschneiden und in 20 g Butter kurz anbraten. Auf Küchenpapier abtropfen lassen. Pistazien grob hacken und den Schinken in Würfel schneiden. Alles unter die Farce mischen. Die Fasanenbrüste in der restlichen Butter kurz anbraten und abkühlen lassen. Mit Speckscheiben umwickeln. Backofen auf 180°C vorheizen.

5. Eine Terrinenform zur Hälfte mit der Farce füllen, das Brustfleisch in die Mitte legen und mit der restlichen Farce bedecken. Die Oberfläche glattstreichen, mit fettem Speck belegen und im heißen Backofen in einem Wasserbad 60 Minuten garen.

HERBST

Rehragout mit Trauben und Speck

ZUTATEN

6 Pimentkörner, 2 TL Pfefferkörner, 10 Wacholderbeeren, 1 Lorbeerblatt, 1 Knoblauchzehe, Schale von ½ Zitrone, 2 Karotten, 200 g Knollensellerie, 4 Zwiebeln, 1,6 kg Rehfleisch (Schulter oder Hals), Salz, 2 Thymianzweige, 1,5 l Rotwein, 8 cl Gin, 8 cl Rotweinessig, 300 g Räucherspeckscheiben, 2 EL Öl, 2 EL Tomatenmark, ¼ l Fleischbrühe, 4 Toastbrotscheiben, 80 g Butter, 300 g weiße Weintrauben, 2 EL Johannisbeergelee

1. Pimentkörner, Pfefferkörner, Wacholderbeeren, Lorbeerblatt, Knoblauchzehe und Zitronenschale in ein Mullsäckchen geben und zubinden.

2. Gemüse schälen und kleinschneiden. Das Fleisch in Würfel schneiden und mit Thymian, Gewürzsäckchen und Gemüse in eine ausreichend große Form geben und mit einer Mischung aus Rotwein, Gin und Essig übergießen. Zugedeckt 1 bis 2 Tage marinieren.

3. Auf ein Sieb geben, abtropfen lassen und das Fleisch trockentupfen.

4. Die Speckscheiben in feine Streifen schneiden. Das Öl in einem Schmortopf erhitzen und die Speckstreifen darin kroß braten. Herausnehmen und das Fleisch in dem Bratfett anbraten. Dann das Gemüse dazugeben und mit andünsten. Den Inhalt des Kräutersäckchens und das Tomatenmark mit andünsten. Mit Marinade und Brühe aufgießen, salzen und zugedeckt bei schwacher Hitze etwa 1 Stunde 15 Minuten schmoren lassen.

5. Das Fleisch herausnehmen, das Gemüse durch ein Sieb passieren. Das Fleisch wieder zurück in die Sauce geben.

6. Weißbrot in Würfel oder Rauten schneiden und in der Hälfte der Butter goldbraun rösten. Die Weintrauben häuten, halbieren und entkernen und in der restlichen Butter kurz schwenken. Das Rehragout mit Johannisbeergelee abschmecken und mit Speckwürfeln, Brotcroûtons und Trauben anrichten. Als Beilage können Schupfnudeln gereicht werden.

HERBST

Fruchtstrudel mit Schlehenschaum

ZUTATEN

3 Äpfel, 3 Birnen, 2 Quitten, 60 g Zucker, Zimt nach Geschmack,
150 g saure Sahne, 50 g Biskuitbrösel, 30 g geröstete Mandelblättchen,
Saft von ½ Zitrone, 3 EL Rum, 20 g Sultaninen,
1 Packung Strudelteig, 60 g flüssige Butter

Für den Schaum: 250 g Sahne, 2 EL Zucker, 1 Msp Vanillemark,
4 cl Schlehengeist, Preiselbeeren aus dem Glas

1. Das Obst schälen, vierteln, entkernen und in kleine Stücke schneiden. In eine Schüssel mit den übrigen Zutaten gründlich vermischen.

2. Den Strudelteig auf einem Küchentuch ausbreiten und mit der Hälfte der Butter bestreichen. Den Backofen auf 170°C vorheizen.

3. Die Fülle auf dem Strudelblatt verteilen, dabei rundherum einen Rand stehenlassen. Mit Hilfe des Tuches von der Längsseite her aufrollen und auf ein gebuttertes Blech gleiten lassen.

Mit flüssiger Butter bestreichen und im heißen Backofen in etwa 30 Minuten goldbraun backen.

4. Für den Schaum Sahne mit Zucker und Vanillemark halbfest schlagen und mit Schlehengeist abschmecken. Zu dem Strudel reichen und eventuell mit Preiselbeeren anrichten.

FERNÖSTLICHES MENÜ

Einmal nicht selberkochen? Laden Sie Ihre Freunde zu einer Wok-Party ein. In geselliger Runde gemeinsam brutzeln und rühren heißt die Devise.

— WINTER —

FERNÖSTLICHES MENÜ
FÜR 4 PERSONEN

Frühlingsrollen mit Paprikasauce
Süßsaure Entenbrust aus dem Wok
Kokosnußcreme mit Litschis

VORBEREITUNG

Gerichte aus dem Wok müssen ganz frisch zubereitet werden, das Kleinschneiden von Fleisch und Gemüse kann man allerdings schon einige Stunden vorher erledigen. Wenn die Gäste da sind, muß dann nur noch gebrutzelt und gerührt werden.

Die Frühlingsrollen und die Paprikasauce werden in aller Ruhe vorbereitet und bis kurz vor Eintreffen der Gäste im Kühlschrank aufbewahrt.

Der Kokoscreme und auch den Litschis schadet es nicht, wenn man sie schon am Vortag macht.

Stellen Sie den Wok in die Mitte des Tisches, den Reis in kleinen Schälchen rundherum – nun steht einem gemütlichen Essen nichts mehr im Wege.

GETRÄNKEEMPFEHLUNG

Zu einem fernöstlichen Essen trinkt man traditionell Tee, schwarz oder grün. Wer dennoch Wein bevorzugt: Reiswein oder ein würziger, halbtrockener Gewürztraminer sind Alternativen.

Frühlingsrollen mit Paprikasauce

ZUTATEN

2 Karotten, 2 Bund Frühlingszwiebeln, 1 Selleriestange, 150 g Chinakohl, 2 EL Öl, 1 Knoblauchzehe, Salz, ½ TL brauner Zucker, 1 Prise Cayennepfeffer, 2 EL Sojasauce, 2 EL feingehackte Korianderblätter, 150 g Garnelen, 3 Filo-Teigblätter, 1 Eiweiß, Öl zum Ausbacken

1. Karotten schälen, Frühlingszwiebeln putzen, Selleriestange und Chinakohl waschen und alles in feine Streifen schneiden.

2. Das Öl mit der geschälten Knoblauchzehe erhitzen und die Gemüsestreifen darin unter Rühren bißfest braten. Mit Salz, Zucker und Cayennepfeffer würzen, mit Sojasauce ablöschen und die gehackten Korianderblätter sowie die Garnelen untermischen. Kurz miteinander erwärmen, dann von der Kochstelle nehmen und abkühlen lassen.

3. Die Teigblätter auf Tüchern ausbreiten und die Ränder mit Eiweiß bestreichen. Die Füllung jewels auf den Längsseiten verteilen, die unteren schmalen Teigkanten darüberschlagen und von der Längsseite her aufrollen. Die Ränder gut festdrücken.

4. Reichlich Öl in einer Pfanne oder einer Friteuse erhitzen und die Frühlingsrollen darin rundherum goldbraun und knusprig braten. Auf Küchenpapier abtropfen lassen.

5. *Dazu paßt eine Paprikasauce:* 2 rote Paprikaschoten halbieren, entkernen und die Hautseite mit etwas Öl bepinseln. Unter dem heißen Grill bräunen lassen. Dann häuten, und kleinschneiden. 1 EL Zwiebelwürfel und 1 kleingehackte Knoblauchzehe in 1 EL Öl glasig dünsten. Paprikastückchen, 1 Msp Paprikapulver und etwas geriebene Ingwerwurzel dazugeben und mit ¼ l Hühnerbrühe aufgießen. 5 Minuten bei schwacher Hitze köcheln lassen. Dann mit dem Stabmixer fein pürieren und mit Salz, Cayennepfeffer und etwas Sherryessig würzig abschmecken.

Süßsaure Entenbrust aus dem Wok

ZUTATEN

2 Entenbrüste à 300 g, Salz, 400 g verschiedene Gemüsesorten (beispielsweise Karotten, Selleriestangen, Paprikaschote, Frühlingszwiebeln und Shiitake-Pilze), 300 g frisches Ananasfruchtfleisch, 3 EL Öl, 1 EL frisch geraspelter Ingwer, 1 EL Speisestärke, 2 EL Sojasauce, 200 ml Reiswein, 1 TL Aceto Balsamico, 1 EL frisch gehacktes Koriandergrün
200 g Klebreis

1. Das Entenbrustfleisch in 2 cm große Würfel schneiden und salzen. Die Gemüsesorten putzen, waschen, falls nötig schälen und in mundgerechte Stücke schneiden. Das Ananasfruchtfleisch in dünne Stifte schneiden.

2. Das Öl im Wok erhitzen und das Entenfleisch darin unter Rühren 4 bis 5 Minuten scharf anbraten. Herausnehmen und nacheinander die Gemüsesorten und die Pilze unter Rühren im Bratfett anbraten.

3. Ingwer, Speisestärke, Sojasauce, Reiswein und Balsamessig verrühren und mit den Ananasstückchen unter das Gemüse rühren. Kurz aufkochen lassen, dann das Entenfleisch mit dem entstandenen Fleischsaft dazugeben und wenige Minuten ziehen lassen.

4. Mit Koriandergrün bestreuen und im Wok, am besten auf einem Stövchen, in die Mitte des Tisches stellen.

5. Den Reis nach Anweisung auf der Packung garen und dazu reichen.

SCHUHBECKS TIP

Wer auf Kalorien achten muß, bereitetet das Gericht mit Puten- oder Hähnchenbrustfilet zu. Die Auswahl der Gemüsesorten richtet sich immer nach dem jeweiligen Angebot der Saison.

WINTER

Kokosnußcreme mit Litschis

ZUTATEN

100 g Kokosraspeln, 200 ml Kokosmilch, 1 Msp Vanillemark,
60 g Zucker, 2 ½ Blatt weiße Gelatine, 3 EL Kokoslikör, 200 g Sahne
30 Litschis, 80 ml Wasser, 40 g brauner Zucker, Saft und feingehackte
Schale von ½ Limette, 1 EL weißer Rum

1. Kokosraspeln ohne Fett hellgelb rösten. Kokosmilch, Vanillemark und Zucker dazugeben, aufkochen lassen und mit Pergamentpapier bedeckt etwa 12 Stunden ziehen lassen. Pürieren, durch ein Sieb passieren und 200 ml abmessen. Eventuell etwas Kokosmilch oder Sahne hinzufügen.

2. Gelatine in kaltem Wasser einweichen. Kokoslikör erwärmen und die ausgedrückte Gelatine darin auflösen. Mit der Kokosmilch vermischen und kühl stellen, bis die Mischung zu gelieren beginnt. Die Sahne halbsteif schlagen, unterziehen und die Masse in Förmchen füllen. Kalt stellen.

3. Litschis schälen, halbieren und entkernen. Wasser, Zucker, Limettensaft und -schale aufkochen lassen, den Rum und die Litschis hinzufügen und einige Stunden marinieren. Die Creme aus den Förmchen stürzen und mit den marinierten Litschis servieren.

FRANZÖSISCHES MENÜ

Frankreich, das Land der Feinschmecker und Genießer, hat die Inspiration zu diesem klassischen Menü geliefert.

WINTER

RANZÖSISCHES MENÜ
FÜR 4 PERSONEN

Fischsuppe

Lammrücken mit Fenchelkruste und Bohnen

Crème brûlée

VORBEREITUNG

Essen wie Gott in Frankreich und das mit guten Freunden – gibt es etwas Schöneres? Einfach, aber dennoch raffiniert, das ist die Devise dieses Menüs.

Das Dessert wird am Vortag vorbereitet und kann dann bis zum Gratinieren im Kühlschrank bleiben. Die Bohnen ebenfalls am Vortag einweichen. Einige Stunden vor Eintreffen der Gäste die Bohnen kochen und die Fenchelkruste vorbereiten. Die Suppe läßt sich ebenfalls gut vorbereiten. Während die Gäste den Aperitif trinken, werden die Fischstückchen in die heiße Brühe gegeben. Auch dem Fleisch schadet es nicht, wenn man es kurz anbrät und erst nachdem die Gäste angekommen sind, in den Backofen schiebt.

Voilà, bon appetit!

GETRÄNKEEMPFEHLUNG

Kir oder Kir royal als Aperitif!
Passend zur provenzalischen Küche, natürlich einen Côte de Provence rosé.

— WINTER —

Fischsuppe

ZUTATEN

250 g Miesmuscheln, 250 g ausgelöste Filets von verschiedenen
Mittelmeerfischen (z. B. Petersfisch, Lotte, Rotbarbe), 4 Riesengarnelen,
1 Lorbeerblatt, 1 TL Pfefferkörner, ½ TL Korianderkörner, 2 Pimentkörner,
⅛ l Weißwein, 1 EL Pernod, 750 ml Hühnerbrühe, 2 Karotten,
1 Selleriestange, 1 kleine Fenchelknolle, 1 rote Paprikaschote,
1 EL Puderzucker, 1 EL Olivenöl, 1 TL Tomatenmark,
8 Safranfäden, 1 Knoblauchzehe mit Schale, 2 Thymianzweige,
je 1 Basilikum- und Dillzweig

1. Die Muscheln sorgfältig putzen und waschen. Fischfilets waschen, trockentupfen und in Stücke teilen, die Riesengarnelen aus den Schalen lösen, das Schwanzende dranlassen und den Darm entfernen. Das Lorbeerblatt in Stückchen brechen und mit den übrigen Gewürzkörnern in einem Topf ohne Fettzugabe anrösten. Mit Weißwein und Pernod ablöschen und mit Brühe aufgießen. Einige Minuten köcheln lassen und beiseite stellen.

2. Das Gemüse putzen, waschen und kleinschneiden. Puderzucker in einem Kochtopf goldgelb karamelisieren lassen. Gemüse und Öl dazugeben und darin andünsten. Tomatenmark unterrühren, kurz mitschmoren lassen und die Safranfäden hinzufügen. Den Gewürzsud durch ein Sieb auf das Gemüse gießen. Bißfest garen.

3. Die Muscheln mit der Knoblauchzehe und den Thymianzweigen in die Brühe legen und 2 bis 3 Minuten köcheln lassen, dann die Fischfilets und die Garnelen in der Brühe in wenigen Minuten gar ziehen lassen.

4. Thymian und Knoblauch entfernen. Die Suppe mit feingeschnittenem Basilikum und Dill servieren.

SCHUHBECKS TIP

*Dazu schmeckt Knoblauchbaguette
oder geröstetes Weißbrot
mit Knoblauchmayonnaise.*

WINTER

Lammrücken mit Fenchelkruste und Bohnen

ZUTATEN

Für das Gemüse: 300 g gemischte rote, weiße und braune Bohnenkerne, Salz, ½ Bund frisches Bohnenkraut, 1 EL Fenchelsamen, 5 EL Olivenöl, 1 Knoblauchzehe, 1 EL gehackte Rosmarinnadeln, 4 Kartoffeln

Für den Lammrücken: 800 g Lammkarree (ohne Knochen), Salz, frisch gemahlener Pfeffer, 4 Knoblauchzehen in der Schale, 3–4 EL Hühnerbrühe, 30 g Butter, 1 EL frisch gehacktes Bohnenkraut

1. Die Bohnen über Nacht in kaltem Wasser einweichen. Am nächsten Tag mit dem Einweichwasser, Salz und dem Bohnenkraut zum Kochen bringen und in etwa 1 Stunde weich kochen. Auf einem Durchschlag abtropfen lassen.

2. Die Fenchelsamen in einer Pfanne ohne Fett anrösten, dann 2 EL Öl, gehackten Knoblauch und Rosmarin dazugeben, kurz durchschwenken und von der Kochplatte nehmen. Die Mischung einige Minuten ziehen lassen.

3. Die Kartoffeln schälen, waschen und in ½ cm dicke Scheiben schneiden. Den Backofen auf 130°C vorheizen.

4. Den Lammrücken mit Salz und Pfeffer würzen und mit der Hälfte der Gewürzmischung bestreichen. Das restliche Öl erhitzen und das Lammfleisch darin anbraten. Wieder herausnehmen und die Kartoffelscheiben mit den Knoblauchzehen im Bratfett anrösten. Mit Salz und Pfeffer würzen, das Lammfleisch daraufsetzen und mit der restlichen Gewürzmischung bestreichen. Im heißen Backofen etwa 35 Minuten garen.

5. Die Hühnerbrühe mit der Butter erhitzen und die vorgegarten Bohnen darin so lange schwenken, bis sie heiß sind. Mit Salz, Pfeffer und Bohnenkraut würzig abschmecken und zum Lammkarree servieren. Dazu knuspriges Weißbrot reichen.

WINTER

Crème brûlée

ZUTATEN

¼ l Milch, 250 g Sahne, 1 Vanilleschote, 5 Eigelb, 50 g Zucker,
2–3 TL brauner Zucker

1. Die Milch mit der Sahne und der aufgeschlitzten Vanilleschote einmal aufkochen lassen. Von der Kochstelle nehmen, die Vanilleschote herausnehmen und das Vanillemark in die heiße Milchmischung schaben. Den Backofen auf 150°C vorheizen. Ein tiefes Backblech mit Wasser füllen und auf die mittlere Schiene stellen.

2. Eigelb mit Zucker schaumig schlagen und nach und nach die heiße Milchmischung unterrühren. Die Mischung durch ein Sieb in 4 Portionsförmchen füllen und dabei darauf achten, daß die Oberfläche möglichst schaumfrei ist. Die Förmchen so in das Wasserbad stellen, daß sie etwa knapp zur Hälfte im Wasser stehen. Im heißen Backofen in gut 1 Stunde stocken lassen.

3. Die Creme im Kühlschrank abkühlen lassen, dann die Oberfläche mit Zucker bestreuen und unter dem heißen Grill goldbraun karamelisieren lassen.

Weihnachts-Menü

*Weihnachten mal ohne Streß und Hektik?
Mit diesem Menü und der richtigen Planung
wird es Ihnen sicher gelingen.*

---WINTER---

Weihnachtsmenü
FÜR 4 PERSONEN

Lachs-Zander-Strudel mit Dillsauce
Perlhuhnbrust mit Pfeffersauce und Wirsinggemüse
Geeister Christstollen mit Orangensalat

VORBEREITUNG

Der Vorteil dieses Weihnachtsmenüs ist, daß fast alles gut vorbereitet werden kann, so daß die ganze Familie gemeinsam bei einem festlichen Mahl den Feiertag verbringen kann.

Das Christstollenparfait einige Tage vorher zubereiten und tiefgekühlt aufbewahren. Die Perlhühner zerlegen, Fond zubereiten, Wirsing blanchieren und abschrecken – das alles kann man gut am Tag vor dem Fest machen. Auch der Geschmack des Strudels leidet nicht, wenn man ihn am Vortag zubereitet. Am Weihnachtstag müssen eigentlich nur noch kleinere Arbeiten erledigt werden, wie den Orangensalat zubereiten, Strudel und Perlhuhnbrüste braten und den Wirsing fertigstellen.

Wird zum Hauptgang eine Beilage gewünscht, reicht man entweder Kartoffel- oder Selleriepüree dazu.

GETRÄNKEEMPFEHLUNG

Als Aperitif ist an diesem Festtag ein prickelndes Getränk genau das richtige: Champagner, Sekt oder Cava. Zur pfefferigen Perlhuhnbrust ist ein Grüner Veltliner eine harmonische Begleitung. Weinkenner trinken zum Parfait eine edelsüße Auslese vom Neusiedlersee.

Lachs-Zander-Strudel mit Dillsauce

ZUTATEN

Für den Strudel: 100 g eiskaltes Lachsfilet, 100 g eiskalte Sahne, ½ TL Dijonsenf, Salz, Cayennepfeffer, 3 EL verschiedene Gemüse in kleine Würfel geschnitten (z. B. Karotte, Sellerie, Zucchini), 4 Mangoldblätter, 1 Packung Strudelteig, 4 Zanderfilets à 80 g (enthäutet und entgrätet), 2–3 EL flüssige Butter

Für die Sauce: 150 g Créme fraîche, 2 EL Zitronensaft, 1 EL mittelscharfer Senf, 1 EL Honig, Salz, 1 EL gehackter Dill, etwas Cayennepfeffer

1. Das Lachsfilet in kleine Würfel schneiden und mit der eiskalten Sahne im Mixer rasch zu einer glatten Farce verarbeiten. Mit Senf, Salz und Cayennepfeffer würzen.

2. Die Gemüsewürfel in kochendem Salzwasser in wenigen Minuten bißfest blanchieren. In eiskaltem Wasser abschrecken und gut abgetropft unter die Fischfarce mischen.

3. Von den Mangoldblättern die Stiele glattschneiden und die Blätter in kochendem Salzwasser kurz blanchieren. Vorsichtig herausheben und auf einem Küchentuch abtropfen lassen.

4. Strudelteig ausbreiten und 4 Blätter auf eine Größe von 12 x 20 cm zurechtschneiden. Mit etwas Fischfarce bestreichen. Die Mangoldblätter ebenfalls ausbreiten und mit Farce bestreichen. Die Zanderfilets mit Salz und Pfeffer würzen und jeweils in ein Mangoldblatt wickeln. Je ein Mangoldblatt auf die Schmalseite eines Strudelblattes legen. Mit dem Strudelblatt umwickeln und die Ränder gut festdrücken.

5. Butter in einer Pfanne aufschäumen lassen und die Strudelpäckchen mit den Schnittflächen nach unten ins heiße Fett legen. Bei schwacher Hitze auf beiden Seiten goldbraun und knusprig braten.

6. Für die Dill-Honig-Sauce Créme fraîche mit den übrigen Zutaten verrühren und würzig abschmecken. Mindestens 30 Minuten im Kühlschrank durchziehen lassen und gut gekühlt zum warmen Strudel reichen.

WINTER

Perlhuhnbrust mit Pfeffersauce und Wirsinggemüse

ZUTATEN

2 Perlhühner (ca. 1 kg), 1 EL Puderzucker, 3 Knoblauchzehen in der Schale,
1 Lorbeerblatt, 1 EL schwarze Pfefferkörner, 5 Thymianzweige,
40 g Butter, 2 Zwiebeln, 150 g Knollensellerie, 2 Karotten, 1 EL Tomatenmark,
Salz, frisch gemahlener Pfeffer, 100 ml Portwein, 200 ml Rotwein,
½ l Hühnerbrühe, 2 EL Öl, 20 g Butter

1. Von den Perlhühnern die Brüste auslösen, Knochen und Keulen kleinhacken. Backofen auf 220° C vorheizen. Die Knochen auf einem Backblech dunkelbraun werden lassen. Zwiebeln, Sellerie und Karotten schälen und in kleine Stücke schneiden.

2. Puderzucker goldbraun karamelisieren und die Knochen darin anrösten. Knoblauch, Lorbeerblatt, Pfefferkörner und 4 Thymianzweige ebenfalls mit anrösten. Die Butter, das Gemüse sowie das Tomatenmark dazugeben und mit andünsten. Würzen, mit Portwein ablöschen und einkochen lassen. Mit Rotwein aufgießen und etwa um die Hälfte reduzieren. Mit Brühe begießen und etwa 30 bis 45 Minuten köcheln lassen.

3. Die Perlhuhnbrüste mit Salz und Pfeffer würzen und im heißen Öl auf der Hautseite anbraten. Wenden und bei schwacher Hitze kurz garen.

4. Die Sauce durch ein Sieb passieren, dann etwas einkochen lassen.

5. Die gebratenen Brüstchen wenige Minuten mit der Hautseite nach oben in die Sauce legen und gar ziehen lassen. Dann schräg in dünne Scheiben schneiden, mit Sauce beträufeln und mit Wirsinggemüse anrichten.

6. *Für das Gemüse:* 1 Wirsingkopf putzen, in Rauten schneiden und in Salzwasser blanchieren. 200 g Sahne und 200 ml Brühe auf ein Viertel einkochen lassen. Den Wirsing untermischen und erhitzen. Mit Salz, Pfeffer und Muskat würzen und 1 EL geriebenen Meerrettich untermischen. Mit Salz, Pfeffer und Muskat würzen.

WINTER

Geeister Christstollen mit Orangensalat

ZUTATEN

50 g Mandelblättchen, 50 g Orangeat, 30 g Zitronat, 40 g Rosinen,
2 EL Rum oder Orangenlikör, 200 g Zucker, 50 ml Wasser,
½ TL Lebkuchengewürz, ausgekratztes Mark von ½ Vanilleschote, 4 Eigelb,
3 Eier, 750 g Sahne 2 Orangen, 3 Blutorangen, 2 Blatt weiße Gelatine,
1–2 EL Zucker, 2 EL Grand Marnier, etwas Zitronensaft,
1 Granatapfel

1. Mandelblätter rösten, Orangeat, Zitronat und Rosinen in Alkohol einweichen. Zucker, Wasser, Lebkuchengewürz und Vanillemark aufkochen lassen.

2. Eigelb und Eier schaumig schlagen. Den Zuckersirup einlaufen lassen und so lange weiterschlagen, bis eine dickschaumige Creme entsteht.

3. Die Sahne steif schlagen und ein Drittel davon unter die Schaummasse rühren. Den Rest vorsichtig unterziehen. Die Masse in eine Stollenform füllen, mit Alufolie verschließen und einige Stunden gefrieren lassen.

4. Die Orangen und 2 Blutorangen so dick schälen, daß die weiße Haut völlig entfernt ist. Die Früchte filetieren. Die Spalten in eine Schale legen, die übriggebliebenen Häute auspressen. Die restliche Blutorange ebenfalls auspressen. Die Gelatine in kaltem Wasser einweichen. Die Hälfte des Saftes mit Zucker erhitzen. Die ausgedrückte Gelatine darin auflösen, den restlichen Orangensaft unterrühren und mit Grand Marnier und etwas Zitronensaft abschmecken. Mit den Fruchtspalten vermischt im Kühlschrank leicht gelieren lassen.

5. Den Granatapfel quer halbieren und die Kerne herauslösen. Unter den Orangensalat mischen.

6. Den Christstollen rechtzeitig aus dem Tiefkühlgerät nehmen, in Scheiben schneiden und mit dem Orangensalat anrichten.

―― TIPS ――

Menü-Fahrplan

Ich habe für Sie in diesem Buch nur Menüs zusammengestellt, die aus drei Gängen bestehen und deshalb nicht allzu aufwendig sind. Diese klassische Menüfolge mit Vorspeise, Hauptgericht und Dessert läßt sich natürlich beliebig erweitern. Als Vorspeise kann es eine Suppe oder einen Salat, aber auch beides geben. Vor der Vorspeise werden manchmal noch kleine Appetithäppchen, Amuse-gueules, gereicht, die auf das Menü einstimmen sollen. Bei ausgiebigeren Menüs mit zwei Hauptgerichten werden diese häufig mit einem Sorbet unterbrochen, das den Geschmack neutralisieren soll. In Frankreich und Italien gibt es nach dem Dessert manchmal noch Käse. Als krönender Abschluß werden feines Gebäck oder Pralinen zum Espresso oder Kaffee serviert.

Rezepte und Ideen für ein Menü gibt es genügend. Einige Grundregeln sollte man aber beachten. Der Einstieg in ein Menü erfolgt entweder mit einer kalten Vorspeise wie Pastete oder Salat sowie einer warmen Suppe. Oder einfach nur mit einer warmen Vorspeise wie kleinen Teigtäschchen. Bei einem ausgewogenen Menü folgt auf ein leichtes Gericht immer ein geschmacksintensiveres. Deshalb werden zarte Fischgerichte vor den kräftigen Fleischgerichten serviert, und bei zwei Fleischgängen kommt nach dem helleren Fleisch wie Geflügel immer das dunklere wie Rind. Mit der Einhaltung dieser Grundregeln, einer geschickten Planung und Vorbereitung und einem liebevoll gedeckten Tisch wird jedes Menü ein Erfolg.

TIPS

Servietten

In erster Linie dienen Servietten rein praktischen Zwecken. Dennoch kann eine dekorativ gefaltete Serviette zugleich auch ein attraktiver Tischschmuck sein. Wie kunstvoll die Serviette gefaltet wird, hängt davon ab, ob der Tisch festlich oder rustikal gedeckt ist. Für weniger Fingerfertige sind Serviettenringe eine nützliche Hilfe. Die Farbe der Servietten sollte aber auf die übrige Tischdekoration abgestimmt sein.

Tischschmuck

Im Kurhausstüberl in Waging richtet sich der Tischschmuck nach der Jahreszeit. Es müssen nicht immer Blumen sein. Im Frühjahr eignet sich ein duftender Kräuterstrauß sehr gut, sommerliches Flair wird durch ein großes Glas mit knallroten Cocktailtomaten erreicht, im Herbst ist eine Schale mit reifen Gartenfrüchten dekorativ, und im Winter sorgen Äpfel und Nüsse für die richtige Stimmung.

Ambiente

Zu einem gelungenen Essen gehört immer auch das richtige Ambiente. Deshalb ist neben feinem Geschirr, edlen Gläsern und schöner Dekoration das richtige Licht von großer Bedeutung. Kerzenlicht spendet warmes Licht und sorgt für eine gedämpfte Beleuchtung. Es erzeugt eine festliche und angenehme Stimmung. Zu dunkel darf es aber nicht sein, denn der Gast sollte noch erkennen, was auf seinem Teller liegt.

Register

A
Apfelkücherl 55
Artischocken mit
 dreierlei Dips 29
Avocadodip 29

C
Champagnergelee 25
Christstollen, geeister,
 mit Orangensalat 85
Crème brûlée 79
Crostini mit Rucola
 und Tomaten 41

D
Dillsauce 83

E
Eisbombe mit
 dreierlei Schokolade 19
Entenbrust, süßsaure,
 aus dem Wok 72
Erdbeeren und Rhabarber
 in rosa Champagnergelee 25
Exotischer Fruchtsalat 49

F
Fasanenterrine mit Pilzen 65
Feigen, gratierte,
 mit Mandelschaum 61
Fenchel-Karotten-Salat 47
Fischsuppe 77
Fleischsuppe, klare,
 mit Brätstrudel 53
Freilandgockel
 mit Kräuterknödelfüllung 54
Fruchtsalat, exotischer 49
Fruchtstrudel mit
 Schlehenschaum 67
Fruchttorte 43
Frühlingsgemüse 18
Frühlingsrollen mit
 Paprikasauce 71

G
Gebratene Rinderlende
 mit Paprikagemüse 42

Gebratener Spargelsalat
 mit Morcheln 23
Geeister Christstollen
 mit Orangensalat 85
Geeistes vom Kaffee 13
Gemüse, scharfes 30
Gemüselasagne 48
Geschmorte Kalbsschulter
 mit Frühlingsgemüse 18
Geschmorte Zickleinkeule
 mit Beilagen 12
Geschmortes Kaninchen
 mit Tomaten 24
Gratinierte Feigen
 mit Mandelschaum 61

H
Holunderblütensorbet
 mit Kirschen 31

I
Involtini
 mit Parmaschinken 36

K
Kalbsschulter, geschmorte,
 mit Frühlingsgemüse 18
Kaninchen, geschmortes,
 mit Tomaten 24
Karotten-Meerrettich-
 Püree 12
Kartoffel-Apfel-Schmarrn 12
Kartoffel-Lauch-Gratin 60
Klare Fleischsuppe
 mit Brätstrudel 53
Kokosnußcreme
 mit Litschis 73
Kräutersuppe mit
 Kartoffelcroûtons 11
Kürbissuppe 59

L
Lachs-Zander-Strudel
 mit Dillsauce 83
Lammrücken mit
 Fenchelkruste und Bohnen 78

O
Ochsenfiletscheiben mit
 Kartoffel-Lauch-Gratin 60
Orangensalat 85

P
Panna cotta mit Aprikosen 37
Paprikagemüse 42
Paprikasauce 71
Pasta mit Rucolapesto 35
Perlhuhnbrust mit
 Pfeffersauce und
 Wirsinggemüse 84
Pfeffersauce 84

R
Räucherfischsülze 17
Rehragout mit
 Trauben und Speck 66
Rinderlende, gebratene,
 mit Paprikagemüse 42

S
Sauerrahmgelee mit
 Fenchel-Karotten-Salat 47
Scampi auf
 scharfem Gemüse 30
Schlehenschaum 67
Senf-Dill-Honig-Sauce 29
Sommersalat mit Crostini 41
Spargelsalat, gebratener,
 mit Morcheln 23
Süßsaure Entenbrust
 aus dem Wok 72

T
Thunfisch-Crostini 41
Tomaten-Avocado-Crostini 41

V
Vinaigrette 29

W
Wirsinggemüse 84

Z
Zickleinkeule, geschmorte 12